LES
CONDITIONS DE LA PAIX

ET LES

DROITS DE L'ALLEMAGNE

PAR

HISTORICUS

GENÈVE

IMPRIMERIE PFEFFER ET PUKY, RUE DU MONT-BLANC

1871

LETTRES ET BROCHURES A CONSULTER

1° Dʳ D.-F. STRAUSS. *Krieg und Frieden (Guerre et paix)*. Deux lettres à M. Ernest Renan. — Leipzig 1870.

2° Max MULLER. Lettre publiée dans le *Times* et reproduite dans la *Gazette d'Augsbourg* du 5 Septembre 1870.

3° Emile DUBOIS-REYMOND. Discours prononcé pour la clôture des cours de l'Université de Berlin le 3 Août 1870.

4° Henri de TREITSCHKE. *Was fordern wir von Frankreich?* (*Que demandons-nous de la France?*) — Leipzig 1870. (Publié d'abord dans le XXVIᵐᵉ volume des *Annales prussiennes*.)

5° Arnold RUGE. Lettre publiée dans la *National Zeitung* du 16 Novembre 1870.

6° Thomas CARLYLE. Lettre publiée dans le *Times* du 18 Novembre 1870.

7° Adolphe STAHR. Lettre publiée dans la *National Zeitung* du 22 Novembre 1870.

8° Ernest RENAN. Lettre publiée dans le *Journal des Débats* du 18 Septembre 1870.

9° Charles VOGT. Lettres publiées dans le *Journal de Genève* du 22 Octobre et du 8 Novembre 1870.

10° Daniel STERN. Lettres publiées dans le *Journal de Genève* du 29 Octobre et du 8 Novembre 1870.

11° Charles DOLLFUS. Lettre publiée dans le *Journal de Genève* du 29 Octobre 1870.

12° Edouard SCHURÉ. Lettre publiée dans l'*Indépendance suisse* du 5 Novembre 1870.

13° H. TAINE. Article publié dans le *Moniteur* et reproduit dans l'*Indépendance Belge* du 12 Octobre 1870.

LES CONDITIONS DE LA PAIX

ET

LES DROITS DE L'ALLEMAGNE

La rupture des négociations entre M. Thiers et le comte de Bismarck a rempli de tristesse tous les hommes de cœur et porté un rude coup à de légitimes espérances. Quelques journaux étrangers, entre autres l'*Indépendance belge*, ont jugé bon en cette circonstance de se constituer les chaleureux avocats du Gouvernement de la Défense nationale, et exclusivement attribué ce nouvel échec diplomatique à l'avidité de la Prusse et à l'ambition effrénée du chancelier de la Confédération du Nord. Un jeune et brillant écrivain alsacien, M. Edouard Schuré, a publié, le 5 Novembre, dans un journal de notre ville, l'*Indépendance Suisse*, une lettre éloquente et passionnée où il revendique pour sa patrie le droit de décider de son sort et s'élève avec véhémence contre les iniques prétentions de l'Allemagne. « Pourquoi, dit-il, deux
« grandes nations sont-elles aux prises? Pourquoi deux peu-
« ples, dont l'entente importe tant à la civilisation, se font-
« ils la plus odieuse des guerres, la guerre de race et d'ex-
« termination? Pourquoi, depuis deux mois, l'Allemagne se
« rue-t-elle sur la France avec une férocité barbare, raffinée
« par la science moderne? — Parce que la Prusse réclame
« l'Alsace et la Lorraine, parce que l'Allemagne victorieuse
« s'attribue un droit sur ces deux provinces. » Il suffit de se

rappeler les causes de la guerre et de jeter un coup d'œil rapide sur les événements pour se convaincre de quel côté se trouve la vérité et reconnaître lequel des deux adversaires n'a montré ni la modération qui aurait été de bon goût dans sa situation présente ni un juste sentiment de la réalité.

I

Jamais guerre ne fut plus populaire en France que celle provoquée au mois de Juin par la candidature du prince Léopold de Hohenzollern et l'insolente déclaration du duc de Grammont au Corps législatif.

Napoléon III, qui avait le clair sentiment de son impopularité croissante et n'était nullement rassuré par l'éclatant succès du plébiscite, voyait dans une guerre heureuse sa dernière planche de salut, son *Va Bank*, pour me servir d'une énergique expression berlinoise, et la regardait comme l'unique moyen de rendre un nouveau lustre au régime sorti de la Constitution de 1852. — Affaibli par l'âge et la maladie, privé par la mort de ses conseillers les plus perspicaces et de ses serviteurs les plus fidèles, bientôt dégoûté d'un fallacieux essai de libéralisme et ne sachant plus quelle digue opposer au flot grossissant du socialisme et de la démagogie, profondément blessé de n'avoir pu jouer, après Sadowa, le rôle glorieux d'un médiateur et acquérir de nouveaux départements par un simple trait de plume, l'empereur se confia une dernière fois en son étoile et voulut, par la prise de possession des provinces du Rhin, exécuter une des clauses du testament de Sainte-Hélène. Sa conduite en cette courte campagne fut digne de l'aventurier de Strasbourg et de Boulogne. Après avoir commencé dans la nuit du Deux-Décembre comme Jago, il finit à Sédan comme Falstaff.

Aucun de ses ministres n'eut le courage de lui résister. M. Emile Ollivier, qui avait toujours été contraire à une guerre avec l'Allemagne, mais qui semblait comme premier ministre s'être donné pour tâche de contredire de tout point

son programme de député de l'opposition, accomplit servile-
ment les ordres de son maître et se présenta devant le Corps
législatif la tête haute et le cœur léger. Fonctionnaires, sé-
nateurs, députés, tous ceux qui avaient été comblés de
richesses et d'honneurs par le gouvernement impérial et
laissent aujourd'hui dans une morne solitude le prisonnier
de Wilhelmshöhe, l'accablaient, lors de son départ de Saint-
Cloud, des plus excessives et des plus viles flatteries et étaient
animés

> « De cet esprit d'imprudence et d'erreur
> « De la chute des rois, funeste avant-coureur. »

MM. Granier de Cassagnac, Jérôme David, Clément Du-
vernois, Dugué de la Fauconnerie et autres coryphées du
parti des Arcadiens, ne mettaient pas en doute l'imminence
d'un second Iéna, d'un prompt et complet écrasement de
la Prusse, et couvraient de leurs trépignements et de
leurs vociférations les sages et patriotiques paroles de
M. Thiers.

L'armée avait soif de nouvelles victoires, et son comman-
dant en chef, le maréchal Lebœuf, partait pour les bords
du Rhin comme pour une partie de plaisir. Il régnait dans
les bureaux de la guerre le plus complet désordre, la plus
radicale ignorance de l'organisation et des ressources de la
Confédération du Nord ; la plus honteuse négligence, la plus
prodigieuse impéritie présidèrent à tous les préparatifs, à la
conception comme à l'exécution du plan de campagne. Je ne
crois pas qu'aucun officier supérieur eût jamais pris con-
naissance de l'ouvrage du général comte de Moltke sur la
guerre de Bohême, du mémoire publié en 1860 par le feld-
maréchal prince Friederich-Karl *Sur la manière de repous-
ser et de battre les Français*. Les soldats, avides de butin et
démoralisés par un long séjour en Algérie, espéraient renou-
veler leurs faciles exploits de la Chine et du Mexique et ne
soupçonnaient pas qu'ils auraient à lutter contre les troupes
les plus disciplinées et les plus grands généraux de l'Europe.
Les maréchaux se préparaient à piller, à l'exemple de Van-
damme et de Rovigo, les musées et les bibliothèques de l'Allemagne et à planter leurs aigles victorieuses sur les palais
de Berlin.

Le parti légitimiste et catholique ne pouvait qu'applaudir
à une guerre contre les hérétiques, et prit pour devise les

mots de son illustre chef, M. de Montalembert : « Nous som-
mes les fils des croisés, nous ne reculerons pas devant les fils
de Luther. » L'archevêque de Paris, Mgr Darboy, bénit les
étendards de l'armée, et écrivit, dans son mandement du
23 Juillet : « La France provoquée descend de nouveau sur
les champs de bataille et ses aigles reprennent leur vol triom-
phant. C'est une cause légitime qui lui met le glaive à la
main ; elle veut venger son honneur blessé, rétablir l'équilibre de l'Europe rompu par la ruse et la violence, et rendre
possible au retour de la paix un désarmement dont tout le
monde sent le besoin. » — M. Veuillot, étonné de se trouver pour la première fois de sa vie d'accord avec M. Edmond
About, tailla sa plume de journaliste la plus acérée et rem-
plit l'*Univers* de ses injures et de ses calomnies. Le duc
Albert de Broglie, qui se trouvait au mois de Juillet au château de Coppet, ne put contenir sa joie à la nouvelle que le
Rubicon avait été définitivement franchi, et s'écria avec la
haine farouche du dévot : « Nous les tenons ! » — C'est-à-
dire : Nous, parti catholique, arrivons enfin au pouvoir; pro-
fitons de cette bonne fortune pour anéantir la patrie de Frédéric II et de Lessing, l'État qui s'est toujours montré en
Europe le plus zélé protecteur de la liberté de penser et du
protestantisme.

La France tout entière avait abdiqué sa liberté entre les
mains d'un seul homme et sanctionné le Plébiscite du 8 Mai
par huit millions de suffrages. Au lieu de suivre l'exemple
d'un sage père de famille qui examine de ses propres yeux
l'état de sa fortune et soumet à un vigilant contrôle la gestion
de ses délégués, elle avait agi comme un joueur de profes-
sion qui met tout son avenir sur une seule carte et se jette
tête baissée dans les plus redoutables aventures. Paris illu-
mina le jour de la déclaration de guerre, et la populace des
faubourgs se livra aux plus inconvenantes manifestations.
Les hommes les plus modérés étaient pris d'un violent
accès de chauvinisme et répétaient en chœur avec Alfred de
Musset :

> « Nous l'avons eu, votre Rhin Allemand,
> « Il a tenu dans notre verre,
> « Un couplet, qu'on s'en va chantant,
> « Efface-t il la trace altière
> « Du pied de nos chevaux marqué dans votre sang ?

Qu'elle fut, en ces tristes jours, la conduite de l'opposi-

tion libérale? — Depuis 1866, elle n'avait négligé aucune occasion de témoigner de son mauvais vouloir pour l'Allemagne et s'était efforcée de capter la bienveillance de ses électeurs par l'aigreur et la véhémence de ses récriminations. Dans la session de 1867, MM. Thiers et Jules Favre avaient demandé au Corps législatif de condamner par un vote solennel les errements de M. Rouher et criblé de leurs sarcasmes la circulaire ingénue et satisfaite de son collègue des affaires étrangères, M. de La Valette. M. Thiers, quoiqu'il ait fait preuve dans ses derniers discours d'une haute intelligence politique et trouvé singulièrement inopportun le prétexte choisi par M. de Grammont, peut être considéré à bon droit, comme un des auteurs de la guerre actuelle et a corroboré par ses entraînants récits du Consulat et de l'Empire, les illusions et les préjugés de ses compatriotes, comme il avait, par son ardent panégyrique du premier Napoléon, travaillé à son insu au rétablissement de sa dynastie. Son ami et disciple, le brillant et regrettable Prévost-Paradol, avait montré le plus étroit parti-pris à l'égard de l'Allemagne dans sa *France Nouvelle* et son quatrième volume de *Lettres politiques sur l'Histoire Contemporaine*, et demandé pour sa patrie un accroissement territorial comme une juste compensation du renversement de l'équilibre européen. « La neu-
« tralité de la France, dit-il dans un passage significatif (1),
« est une chimère par la raison bien simple que la guerre
« ne peut manquer de troubler l'équilibre de l'Europe, et
« que le continent ne peut être remanié sans mettre direc-
« tement en question la puissance de la France et son rang
« dans le monde. Nous mettons au défi qu'on imagine une
« agitation quelconque du continent européen qui n'inté-
« resse plus ou moins le repos ou la grandeur de la France.
« C'est cette situation même qui crée de tout temps un de-
« voir particulier à ses chefs quels qu'ils puissent être, le
« devoir d'observer le continent d'un œil attentif, et, s'ils
« désirent sincèrement la paix, d'y étouffer dans son germe
« toute cause de guerre. Si la Prusse, que nous avons dé-
« clarée nous-même mal délimitée, et si l'Italie, qui obéit,
« selon notre déclaration officielle, à la nécessité en atta-
« quant Venise, achèvent elles-mêmes leur tâche et parta-

(1) Lettre au *Courrier du Dimanche*, 24 Juin 1866. — Voir *Quelques pages sur l'Histoire Contemporaine*, IV, 124.

« gent avec nous les fruits de la victoire : alors nous som-
« mes neutres, mais non pas autrement, à moins d'acce p-
« ter sans combat un bien terrible échec. » — Et ailleurs (1) :
« L'annexion, c'est la souveraineté de la Prusse sur l'Alle-
« magne fondée sans déguisement; la Confédération recou-
« vre d'une apparence de suzeraineté cette souveraineté fu-
« neste; mais les deux conduisent au même but et peuvent
« porter le même écriteau : Unité allemande. Et l'on nous
« parle de compensation à l'unité allemande! — J'en con-
« nais une, Monsieur, mais une seule, qui soit digne d'un
« chef du gouvernement de la France, quel que soit son
« nom, son origine, son titre, qu'il s'appelle roi, président
« de la République ou empereur, c'est de périr les armes à
« la main en combattant pour l'empêcher. » — Et à un
autre endroit encore (1) : « La frontière du Rhin reste seule
« à reprendre, si l'on a vraiment pour but de réparer le
« dommage fait à la France par les fautes du premier
« Empire. »

M. Louis Ratisbonne, dans le *Journal des Débats*, envisa-
geait la prochaine campagne comme une occasion propice de
châtier l'ambition de M. de Bismarck et ses procédés arbi-
traires à l'égard du Hanovre et de Francfort; le *Journal de
Paris*, la *Revue des Deux-Mondes* dans sa chronique de la
quinzaine, étaient, pour l'ignorance et la vantardise, les dignes émules du *Siècle* et de la *Liberté*. Seul entre tous les
journaux de Paris, le *Temps* émit, par l'organe de son rédacteur en chef, M. Neffzer, de timides et judicieuses réflexions
qui provoquèrent une universelle tempête. Las de jouer le
rôle de Cassandre, et de s'adresser à des lecteurs qui ne
voulaient pas entendre la vérité, il craignit de passer pour
un organe de M. de Bismarck et se tut devant l'accusation
hautement formulée de trahison.

Les paroles de M. de Grammont ne rencontrèrent nulle
part un accueil aussi favorable qu'auprès des députés de la
Gauche. M. Jules Ferry s'était déjà élevé contre les envahis-
sements de l'Allemagne à propos du percement du St-Go-
thard; le député libéral du Loiret, M. Cochery, avait été l'un
des principaux signataires de l'interpellation Hohenzollern;
M. Gambetta ne se gênait pas dans ses conversations particu-

(1) *Ib.*, 15 Juillet 1866, IV, 137.
(2) *Ib.*, 13 Mai 1866, IV, p. 86.

lières pour dire que l'abaissement de la Prusse était l'un des dogmes fondamentaux de la nouvelle démocratie; M. de Kératry adhéra bruyamment à la politique ministérielle et offrit d'organiser une guérilla en Allemagne.

Bien des désastres ont depuis lors fondu sur la France, mais elle refuse avec la même obstination d'écouter les leçons de l'histoire. M. Jules Favre évoque au sortir de l'entrevue de Ferrières le souvenir des volontaires de 1793, et croit réfuter tous les arguments de M. de Bismarck en répétant la phrase sacramentelle : « Pas un pouce de notre territoire, pas une pierre de nos forteresses. » M. Gambetta, à peine descendu du ciel crie : « Destruction et massacre, » s'improvise ministre de la guerre et s'imagine, par le seul effet de ses proclamations, purifier de la présence des armées allemandes le sol de sa patrie.

Je me suis vainement efforcé, au milieu de toutes ces injures et de tout ce tumulte, d'entendre la voix de la France savante et policée, de la vraie France que nous connaissons et que nous aimons tous. Depuis l'avénement de la République, quelques écrivains de premier ordre, M. Taine, M. Renan, Mme Daniel Stern, M. Charles Dollfus, ont éloquemment plaidé dans la presse française et étrangère la cause nationale et protesté avec chaleur contre toute extension de territoire de la part du roi Guillaume. Que ne prenaient-ils la plume au mois de Juillet et ne revendiquaient-ils pour leurs voisins d'outre-Rhin le droit de se constituer selon leur bon plaisir? Pourquoi pendant trois longues années, depuis Août 1866, n'ont-ils rien fait pour rectifier l'opinion publique et l'éclairer sur la véritable situation de l'Allemagne? — Lorsque Milon (1) dans son exil de Marseille reçut la harangue de Cicéron, il s'écria : « O Cicéron, si tu avais parlé avec un aussi merveilleux talent devant mes juges, je ne mangerais pas d'aussi délicieuses murènes. » — Les hommes d'Etat allemands ne pourraient-ils pas dire à leur tour : « O profonds philosophes et éminents penseurs, si vous aviez, avant la rupture de la paix, tenu à vos concitoyens d'aussi excellents discours, nous n'aurions point remporté les victoires de Wœrth et de Gravelotte, et le prince de Prusse ne distribuerait pas des croix de fer à ses soldats à Versailles, au pied de la statue de Louis XIV. »

____

(1) Dr Strauss. *Krieg und Friede*, p. 63.

L'Allemagne, par son tempérament comme par les nécessités de sa position, est un pays essentiellement pacifique. La constitution de son armée, les traditions de la maison de Hohenzollern, la tâche ardue de réunir en un seul faisceau tant de provinces et d'Etats divers, la prédisposent aux mœurs parlementaires, aux travaux de l'agriculture et de l'industrie et lui interdisent tout caprice romanesque, toute entreprise chimérique, toute folle conquête. Son organisation militaire, excellente pour la défense de ses foyers, serait un non sens si elle devait à chaque instant prendre les armes pour la protection de ses frontières, et impose au roi Guillaume le droit et le devoir de réclamer contre toute future agression les plus solides garanties.

Il est facile aux bourgeois de Paris de satisfaire leurs velléités belliqueuses et d'exiger sans cesse de leurs souverains de nouvelles victoires. Ils voient partir avec indifférence des troupes mercenaires recrutées dans les couches les plus ignorantes et les plus vicieuses de la population, et continuent à boire paisiblement leur café sur le boulevard, en parcourant les récits mensongers du *Siècle* et du *Petit Moniteur*. Les fils de famille achètent un remplaçant et fredonnent un refrain sensuel d'Offenbach, pendant que les conscrits couvrent de leurs cadavres les plaines de la Crimée et de la Lombardie ; tout au plus quelques membres ruinés du Jockey-Club entrent-ils dans la légion étrangère, et sont aussitôt transformés en héros par les romanciers et les dramaturges. Les écrivains les plus illustres n'ont pas rougi de flatter cet instinct malsain de leurs compatriotes. Béranger est devenu le poète national pour avoir chanté l'incomparable épopée du premier Empire. M. Thiers doit la majeure partie de ses succès auprès du grand public à l'étroitesse de son patriotisme et à la partialité de ses appréciations.

Au moment du danger, l'Allemagne a besoin des bras de tous ses enfants ; à son premier appel, fonctionnaires, artisans, cultivateurs, riches manufacturiers, membres de la Chambre des Seigneurs marchent côte à côte et se groupent avec enthousiasme autour du commun drapeau. Les professeurs des Universités bénissent leurs étudiants qui partent pour le bivouac avec un Homère et un Shakespeare dans leur giberne ; les adolescents s'arrachent, sans verser une larme, aux caresses de leur famille et adressent un dernier et joyeux adieu aux bancs de leur gymnase et au clocher de leur village natal ; les ecclésiastiques soutiennent leurs frères de leurs mâles exhortations à l'heure solennelle et leur apprennent à braver la mort pour l'unité de l'Allemagne.

Combien dans la guerre actuelle ont déjà succombé de jeunes savants qui faisaient l'orgueil de leurs maîtres ! Que d'épis le sombre moissonneur a fauchés dans les rangs de la plus haute aristocratie prussienne ! — Le prince de Salm Salm, l'héroïque compagnon de l'empereur Maximilien, est tombé à côté du major de Fabeck, l'un des gentlemen les plus accomplis des salons de Berlin, et du comte de Fickenstein qui avait porté au prince royal les félicitations de son père le soir de la bataille de Sadowa. Le ministre du Commerce, le comte Itzenplitz, a perdu son fils unique dans le combat de Mars-la-Tour ; le fils et le gendre du général de Roon ont été tués à Gravelotte. Une volonté puissante les électrisait tous, et versait dans la poitrine de leurs chefs une force d'airain. Le temple de la patrie leur avait toujours apparu comme le seul asile de l'honneur, de la famille, de la religion, de la pensée, de tout ce que l'homme a de plus sacré, et ce temple était insolemment menacé par les chassepots et les mitrailleuses d'un Bonaparte ! — Guerre ! cria-t-on des bords du Rhin à ceux du Niemen, des collines de la Silésie aux sommets de la Forêt-Noire ; guerre ! crièrent les nobles et les paysans ; guerre ! répondirent les mères et les fiancées. On ne peut demander souvent à un peuple de suer une pareille sueur de sang. Pour être acceptée, la guerre doit être une guerre vraiment nationale : ce doit être comme en 1813 pour secouer le joug de l'universel oppresseur ; en 1866, pour mettre un terme au morcellement de l'Allemagne et détruire dans la monarchie autrichienne, la principale forteresse de la réaction et du jésuitisme ; en 1870, pour sauvegarder sa foi et son indépendance, pour défendre sa femme et son foyer contre les rapines des zouaves et les outrages des turcos. Pour tout Allemand, la guerre actuelle est une guerre sainte. De même qu'en 1813 les soldats marchaient au combat en chantant l'*Hymne à la Patrie* d'Arndt, et le *Chant de l'Epée* de Körner, ils entonnent aujourd'hui dans les plaines de la Lorraine et de la Champagne le *Départ du roi Wilhelm* et *la Garde du Rhin*.

L'Allemagne ne peut conclure la paix avant d'avoir obtenu une rectification de frontière. Un honnête et laborieux cultivateur, qui aurait pour voisin un avide et turbulent lansquenet, se hâterait d'entourer sa propriété d'une infranchissable clôture, et tout homme de sens applaudirait à une aussi sage conduite. — La France n'a eu d'autre but que celui de la perturbation et de la conquête brutale en franchissant sa limite naturelle des Vosges, et en s'emparant par la violence et la perfidie de l'Alsace et de la Lorraine, Richelieu, de son regard prophétique, prévoyait que la perte de ces deux provinces serait un éternel obstacle à l'unification de l'Allemagne, et disait au Père Joseph expirant : « Prenez courage, mon révérend Père, Neuf-Brisach est à nous. » — Quelques années plus tard, Louis XIV faisait graver sur la porte principale de Vieux-Brisach ces insolentes paroles : « Je fus autrefois la frontière de la France ; aujourd'hui je lui sers de porte et de pont. Malheur à moi ! le Français ne se laisse plus arrêter par aucune barrière. »

Henri II avait déjà nommé, au XVIe siècle, Strasbourg la porte de l'Empire ; c'est de Strasbourg que Louvois lança ses bandes dévastatrices sur la Souabe et le Palatinat, que Napoléon fit partir ses innombrables armées pour la conquête de la Germanie et prépara les victoires de Iéna et de Friedland. Si un plan rationnel avait présidé du côté des Français à la campagne de 1870, le maréchal Mac-Mahon aurait envahi le Grand-Duché de Bade, occupé les défilés de la Forêt-Noire, pris possession de tout le pays jusqu'à Ulm et imposé la neutralité au Wurtemberg et à la Bavière, avant que le prince de Prusse, arrivé en toute hâte à Munich à la première nouvelle des hostilités, eût concentré ses troupes et organisé l'armée du Sud.

La faiblesse de l'Allemagne, du côté du Rhin et de la Moselle, a depuis longtemps été douloureusement ressentie par tous ses hommes d'État et ses grands patriotes. Le Tyrtée de la guerre de l'Indépendance, Ernest-Maurice Arndt, publia après la bataille de Leipzig sa remarquable brochure « *Le Rhin, fleuve et non limite de l'Allemagne* » ; — le prince héréditaire de Wurtemberg prononça lors de la paix de Paris ces sages et mélancoliques paroles : « Si on n'assure la frontière de l'Allemagne du côté du Palatinat, l'instinct de la conservation poussera tôt ou tard les cours du Sud à entrer dans une nouvelle Confédération du Rhin. » — Wilhelm de Humboldt, dans les négociations préliminaires du traité de Vienne, fit valoir avec une incisive éloquence et sans rencontrer un seul contradicteur, tous les motifs qui rendaient nécessaire le retour des départements allemands à la mère-patrie, mais il échoua devant l'égoïsme et la jalousie des autres puissances. Lord Castlereagh était tout dévoué à l'Autriche et redoutait l'hégémonie de la Prusse ; l'empereur Alexandre ne songeait qu'à son agrandissement personnel et répondit cyniquement à l'ambassadeur de Frédéric-Guillaume III : « Ou je prendrai ma part de ce gâteau ou il ne sera pas pétri ; » sur quoi le baron de Stein répliqua avec une amère tristesse : « La Russie veut que nous soyons vulnérables. » Aujourd'hui l'Allemagne doit profiter des leçons du passé et ne pas trop se confier en ses récentes victoires. La fortune peut demain lui être contraire et elle n'aura pas toujours un général de Moltke pour dresser ses plans de campagne, un prince de Prusse et un Friederich-Karl pour conduire ses armées, un comte de Bismarck pour présider la chancellerie de la Wilhelmsstrasse. Quelle songe donc au plus vite à fermer ses blessures et que la plume des diplomates ne détruise pas une seconde fois ce qu'a créé l'épée des généraux.

Guillaume Ier doit recouvrer tous les districts allemands et prendre possession du Haut et-Bas-Rhin, de la plus grande partie du département de la Moselle, de l'arrondissement de Château-Salins dans celui de la Meurthe. Ce serait une faute grossière que de s'emparer de la partie française de la Lorraine, et de vouloir germaniser Epinal, Remiremont, Pont-à-Mousson. Toul, quoiqu'il ait été autrefois un des trois évêchés du pays Messin, ne conserve plus aucun vestige du Saint-Empire ; Nancy a subi une complète transformation sous le règne de Stanislas le Bienfaisant et célébré en 1866 par des fêtes brillantes l'anniversaire de sa réunion à la France. Les seules infractions à cette règle sont justifiées par des considérations stratégiques : Belfort et Thionville doivent être les deux points extrêmes de la ligne de démarcation entre les deux Etats rivaux. Les puissances étrangères n'auront qu'à se féliciter de ce changement. Strasbourg et Metz, rendus à la France, ne serviraient qu'à de nouvelles agressions et menaceraient continuellement le repos de l'Europe ; entre les mains de l'Allemagne elles n'auront qu'une valeur purement défensive et seront les sentinelles avancées de la mère-patrie.

Tous les partis sont d'accord sur la nécessité de cette restitution et la criminelle tentative de Napoléon III aura été le plus puissant moteur de l'unification définitive de l'Allemagne. Bavarois et Poméraniens, Silésiens et Wurtembergeois, habitants du Brisgau et du Brandebourg, n'auront pas servi pendant quatre mois sous les mêmes chefs et remporté une série de victoires inouïe dans l'histoire moderne pour recommencer aussitôt après la conclusion de la paix leurs mesquines querelles et perpétuer les déplorables traditions de l'ex-Confédération Germanique. Les périls partagés en commun sont le plus solide des liens et la parole de Méphistophélès trouve ici aussi son application :

« Le sang a une saveur toute particulière. »

Des diplomates à courte vue avaient spéculé sur le particularisme des différentes provinces et l'antipathie séculaire du Sud pour le Nord ; M. Victor Cherbuliez, dans un livre de politique fantaisiste, M. Julian Klatzcko, dans des articles tout imprégnés de fiel et de haine, avaient tracé le plus sombre tableau de l'état de l'Allemagne depuis la paix de de Prague. Toutes ces chimères se sont dissipées au contact de la réalité, comme les brouillards de la montagne aux chauds rayons du soleil de Juillet. Francfort, que l'on prétendait irréconciliable, a fait une splendide ovation à son gouverneur et pavoisé ses maisons à la nouvelle des premières victoires de la Prusse ; la Hesse et la Saxe, dont des oreilles complaisantes avaient perçu les lamentables concerts, ont rivalisé d'abnégation et de bravoure sur les champs de bataille ; les Hanovriens, qui devaient au premier signal secouer le joug d'un monarque détesté, ont supporté avec une admirable constance les fatigues et les privations du blocus de Metz. L'Autriche elle-même n'a pas osé prendre sa revanche de Sadowa, et Vienne a spontanément illuminé le jour de la capitulation de Sédan. Le Wurtemberg, le Grand-Duché de Bade, celui de Hesse Darmstadt, viennent de faire leur entrée solennelle dans la Confédération du Nord ; en Bavière un nombreux parti unitaire composé des députés de villes, des hommes d'Etat les plus libéraux, des citoyens les plus éclairés, vient de l'emporter définitivement malgré les intrigues du clergé et la sourde résistance de la population des campagnes. Le 10 Novembre, les conseillers municipaux de la ville de Munich recevaient dans les somptueux locaux de la Westendhalle des officiers de la division Kummer. La salle était magnifiquement décorée : le buste du roi Guillaume, couronné de lauriers, avait été mis à la place d'honneur à côté de celui du roi Louis II, le lion de Bavière fraternisait avec l'aigle de Prusse, les drapeaux pris en commun sur l'ennemi scellaient la nouvelle alliance de leurs impérissables souvenirs. Des hourras enthousiastes furent poussés en faveur de l'armée et de l'Allemagne une ; un ancien député du parti particulariste, le Dr Sepp, porta au milieu d'applaudissements frénétiques un toast chaleureux à Guillaume Ier, futur empereur d'Allemagne.

Quelques journalistes, tout dévoués à la France, ont fait dernièrement grand bruit d'une lettre du professeur Charles Vogt, d'un discours du Dr Johann Jacoby, et considéré ces deux manifestations comme la véritable expression des sentiments du grand parti libéral. Il est peu d'appréciations aussi erronées. M. Vogt, en vrai naturaliste qu'il est, s'incline devant l'autorité des faits et conseille au braconnier dans sa spirituelle réponse à Mme Daniel Stern, de céder un morceau de sa chair au dogue qui lui serre la gorge. Le rédacteur socialiste de la *Zukunft*, dont j'ai regretté l'arrestation illégale, a toujours joué à la Chambre le rôle de l'ermite démocratique et vient de subir un éclatant échec aux dernières élections à Berlin et à Königsberg. Tous les partis, si divisés qu'ils soient sur les questions de l'intérieur, se sont plu dans leurs circulaires à rendre hommage à l'ardent patriotisme, à la conduite ferme et éclairée, à la glorieuse politique du comte de Bismarck. 1870 ! Allemagne une ! ce furent les dernières paroles de Karl Twesten mourant, c'est la devise de tous les doctes et éloquents défenseurs de la liberté au sein du Reichstag, des Franz Dunker et des Schultze-Delitzsch, des Forckenbeck et des Bennigsen. Si Guillaume Ier concluait une paix honteuse avec la France, ses soldats se lèveraient de leurs tombeaux, comme dans la *Ronde de Minuit*, de Zeidlitz, et lui crieraient : « O roi, souviens-toi de tes promesses ; ne permets point que nos cadavres reposent sur la terre étrangère, sur la terre que nous avons conquise de nos larmes et de notre sang ! »

Plusieurs journaux étrangers, entre autres la majorité de la presse anglaise, ont été pris après la capitulation de Sédan d'un honteux accès de jalousie et défendent énergiquement depuis la proclamation de la République l'intégrité territoriale de la France. Je trouve étrange que les cabinets européens, qui ont accordé à Napoléon III la satisfaction de toutes ses convoitises et n'ont rien fait pour prévenir la guerre actuelle, interviennent aujourd'hui entre les deux belligérants et prétendent dicter à l'Allemagne victorieuse les conditions de la paix. La France a toujours aspiré à une position privilégiée parmi les autres nations, et tout en affirmant sa propre inviolabilité, elle n'a jamais remis son épée dans le fourreau avant d'avoir obtenu une nouvelle province. N'eût-elle remporté dans cette campagne qu'une victoire aussi chèrement achetée que celle de Solférino, elle aurait exigé de la Prusse la cession des provinces rhénanes, la dissolution de la Confédération du Nord, la restauration du roi de Hanovre et de l'Electeur de Hesse. Elle aurait sans aucun doute rendu à l'Autriche son ancienne prépondérance en Allemagne; peut-être aurait-elle créé une nouvelle Confédération du Rhin. La perte de trois départements ne saurait être un coup mortel pour un pays aussi invinciblement uni et aussi fortement centralisé; ce serait lui faire la plus sanglante injure que de réclamer pour son développement normal un apport continuel de sang germanique. Tout démembrement au contraire aurait été fatal à la vitalité de la Prusse. J'invoque ici le témoignage d'un écrivain peu suspect de tendresse pour la monarchie des Hohenzollern, M. Victor Cherbuliez : « Otez, dit-il, à la Prusse, la Silésie, Posen ou la province rhénane, vous n'aurez pas détruit la Prusse, mais vous aurez supprimé la royauté prussienne et l'une des cinq grandes puissances de l'Europe (1). »

Le *Times,* dans une série d'onctueuses homélies, prêche à M. de Bismarck la magnanimité, le renoncement, le pardon des injures, et insiste éloquemment sur la convenance de ne pas perpétuer les haines de race de génération en génération. Le *Journal de la Cité,* sous prétexte de faire entendre les conseils de la charité chrétienne, sauvegarde ses intérêts égoïstes en s'efforçant d'épargner à un pécheur endurci un châtiment mérité et en s'opposant aux équitables demandes de l'Allemagne; mais le chancelier jouerait un rôle de dupe en usant de courtoisie à l'égard du gouvernement provisoire et en se flattant d'acquérir par ses ménagements des droits à la reconnaissance des Français. Une nation qui, après un demi-siècle, se souvient encore de Waterloo et s'est crue offensée par Sadowa, qui ne la regardait nullement,

____

(1) Victor Cherbuliez. — *L'Allemagne politique depuis la paix de Prague,* p 24.

n'oubliera jamais les défaites de Wœrth et de Gravelotte, la capitulation de Sédan, la prise de Metz et de Strasbourg. Son unique pensée sera la vengeance. A peine aura-t-elle cicatrisé ses blessures et recouvré sa vigueur qu'elle augmentera follement son budget de la guerre et rassemblera de nouvelles armées au lieu de réformer son système d'instruction publique, de combattre l'influence du clergé, de travailler au développement de son agriculture et de son industrie, de chercher à résoudre les redoutables problèmes posés par la Révolution de 1789. — Le ministre actuel des finances, M. Ernest Picard, a de son autorité privée déclaré les Prussiens en dehors du droit des gens; on ne peut espérer le respect des traités d'un gouvernement dirigé par MM. Gambetta et Rochefort.

Comme l'a dit excellemment le Dr Bancroft dans sa spirituelle lettre du 30 Septembre dernier à M. de Bismarck, la Prusse a pour mission de rajeunir l'Europe et d'assurer la paix universelle en matant la turbulence gauloise et en augmentant les difficultés d'une nouvelle agression. Frédéric-Guillaume IV et son confident M. de Radowitz, avec leur politique sentimentale et leurs projets chimériques, ont abouti aux humiliations d'Olmutz et aux saturnales du Parlement de Francfort. — M. de Bismarck, par la lucidité de ses vues et la justesse de son sens politique, aura puissamment servi la cause de la liberté et du progrès et définitivement fondé l'unité de l'Allemagne.

II

A d'aussi puissants motifs à l'appui du bon droit de l'Allemagne, nos adversaires n'ont à opposer qu'un seul argument de quelque valeur : l'inébranlable résolution des deux provinces de conserver leur nationalité. Les peuples, objecte-t-on, ne peuvent plus être échangés comme des troupeaux de bétail et ont le droit de disposer d'eux-mêmes d'après leurs affinités et leurs penchants naturels. L'Alsace est française depuis la Révolution de 1789 ; elle l'est aujourd'hui plus que jamais par ses intérêts matériels et ses instincts démocratiques. Un siècle ne suffirait pas pour extirper de son sein le patriotisme français, le souvenir de la France. Qu'on n'use donc pas à son égard du brutal privilége du plus fort et qu'on ne donne pas au monde l'odieux spectacle d'un nouveau Congrès de Vienne.

Ami d'une France sagement libérale et partisan convaincu du régime parlementaire, je n'ai garde de défendre théoriquement le droit de conquête et je conviens que notre code international est susceptible de nombreuses améliorations. Mais nous ne nous livrons pas en ce moment à une discussion platonique sur la nécessité de telle ou telle réforme, nous faisons de l'histoire et nous nous mouvons sur le terrain de la réalité. Que des esprits spéculatifs abordent les problèmes les plus compliqués et leur donnent sur le papier les solutions les plus satisfaisantes, rien de plus légitime ; pour nous, notre rôle est plus modeste et nous nous contentons de l'exacte observation des faits. Or, il a été de tout temps universellement admis que le vaincu, surtout s'il était l'offenseur, devait payer les frais de la guerre, et que le vainqueur restait dans son droit en exigeant de lui contre toute future agression les plus sérieuses garanties. Les Français, qui se seraient emparés sans aucun scrupule de la Belgique et des provinces du Rhin si la fortune leur avait été propice, mais qui usent en cas de défaite d'une logique spéciale, prétendent aujourd'hui à l'indivisibilité de leur territoire et prennent à témoins contre la violence qui leur est faite les peuples et les dieux. J'applaudirais de tout mon cœur à l'absolue prescription du droit de conquête si un congrès européen le décrétait par un vote solennel, mais je ne puis trouver équitable que l'Allemagne donne la première l'exemple du nouveau mode de vivre, surtout à l'égard d'un voisin qui, hier encore, la menaçait d'un complet démembrement.

J'attache également peu d'importance au vote des populations, et je sais bon gré à M. de Bismarck de nous épargner la comédie d'un nouveau plébiscite. Si le chancelier de la Confédération du Nord était, comme l'affirment ses ennemis, le descendant en ligne directe de Méphistophélès et s'il avait avant l'ouverture des hostilités nourri des projets déloyaux à l'égard de la France, il n'aurait eu qu'à inonder pendant quelques mois de ses agents les provinces qu'il convoitait et il aurait obtenu par le suffrage universel leur libre consentement d'une manière aussi infaillible que Napoléon III celui de Nice et de la Savoie, M. de Cavour celui de Naples et de la Sicile. Il convient en vérité d'exalter les décisions populaires à des journalistes qui traînent aux gémonies un souverain naguères acclamé par huit millions de suffrages, à un gouvernement qui est arrivé au pouvoir par un acte arbitraire et persiste dans son refus de convoquer une assemblée nationale pour prononcer sur le sort de la France. Le roi Guillaume ne doit s'inspirer pour les conditions de la paix que des vœux unanimes de son peuple et ne tenir aucun compte ni des sonores protestations de quelques avocats, ni des perfides conseils de la diplomatie étrangère. La sécurité de l'Allemagne importe plus que les passagères valléités de quelques départements, et le sage Ménénius, dans son ingénieux apologue, avait déjà prouvé aux Romains que le tout ne saurait se plier au caprice de la partie.

Les habitants auront, d'ailleurs, pleine liberté pour opter entre les deux nationalités, et ne seront point, comme les Allemands au mois de Juillet, condamnés à un exil forcé, comparable à celui des Huguenots lors de la révocation de l'édit de Nantes. Peut-être les employés originaires d'autres départements et quelques familles de la haute noblesse, alliées au parti légitimiste et catholique, préféreront-elles émigrer, comme le firent, au XVIIIe siècle, les patriciens de Dantzig; mais j'ai l'intime persuasion que l'Alsace ne sera point pour la Prusse une nouvelle Vénétie et que ses habitants, dans leur presque totalité, se rallieront, dans un laps de temps plus ou moins court, à leur nouvelle patrie. L'Allemagne possède une singulière faculté d'assimilation, et ceux de ses enfants qui, après une aventureuse Odyssée, reviennent les derniers au foyer domestique, s'y trouveront aussi confortablement que les habitants de la province du Rhin, qui regrettèrent longtemps le joug de Napoléon, que les Poméraniens qui protestèrent contre la domination du Grand-Electeur, et regardent aujourd'hui comme un mauvais rêve l'époque pendant laquelle ils ont appartenu à la Suède.

Il est aisé de se rendre compte et des bruyantes sympathies des Alsaciens pour la France, et de leur haine invétérée pour l'Allemagne. Lorsqu'au XVIIe siècle leur pays fut conquis par Louis XIV, et que Louvois s'empara par trahison de Strasbourg le 23 Octobre 1681, l'empire traversait une période de profonde décadence et offrait le repoussant spectacle de la faiblesse alliée au fanatisme et à la corruption. Les provinces saignaient encore des blessures de la guerre de Trente-Ans. Les monarques de la maison de Habsbourg se courbaient docilement sous la férule des jésuites. Cependant les habitants demeurèrent longtemps attachés à leur ancienne patrie, et sous plusieurs princes de la maison de Bourbon il y eut une chancellerie germanique à Versailles. Ils ne devinrent véritablement Français qu'en 1789, le jour ou l'Assemblée constituante proclama les droits de l'homme et accorda aux paysans la libre propriété du sol. Les conscrits accoururent joyeusement sous le drapeau tricolore et devinrent les meilleurs soldats de la République et de l'Empire : Kellermann était un Lorrain, Kléber un enfant de Strasbourg. Les sottes menaces du général autrichien Wurmser, qui était un noble des environs de Wissembourg, et rêvait le rétablissement de la glèbe et des corvées, les remplirent de fureur, et ils volèrent d'un commun essor à la défense des frontières. Lorsque les troupes de Schwarzemberg pénétrèrent, en 1813, dans les défilés des Vosges, ils craignirent de perdre les bienfaits du Code civil, et engagèrent une lutte héroïque contre les envahisseurs. Les célèbres *Romans Nationaux,* d'Erckmann-Chatrian, *le Fou Yégof* et *Madame Thérèse,* nous retracent du patriotisme des francs-tireurs et de la véhémence des sentiments populaires un fidèle et ravissant tableau. — Depuis 1815, l'administration centrale n'a eu d'autre but que de dénationaliser les provinces, et elle a livré les départements du Rhin à ses gendarmes et à ses sous-préfets.

La confédération germanique, telle que l'avaient constituée les traités de Vienne, ne pouvait d'ailleurs exercer sur un Français que de médiocres séductions. La plupart s'étaient créé une Allemagne à leur image et ne la connaissaient que par ses villes d'eaux et de jeux, Ems, Baden-Baden, Hombourg, avec leurs somptueux casinos, leurs faciles plaisirs, leurs mœurs licencieuses. — Pour les plus cultivés, les Allemands étaient un peuple de poètes et de penseurs, impuissant, désuni, dépourvu de sens politique. Il y avait une Saxe, une Bavière, une Autriche, il n'y avait pas d'Allemagne. Quant à la Prusse, c'était un Etat slave et encore à demi-barbare, la terre classique du caporalisme et des hobereaux, la triste plaine des bords de la Baltique, aux oasis perdues dans des déserts de sable, aux maigres forêts de sapins. Comment

s'étonner de la persistance de ces préjugés, lorsque des pu--
blicistes radicaux transfuges, comme Bœrne et Henri Heine,
se faisaient les éloquents et fougueux apôtres des idées fran--
çaises et employaient leur esprit à ridiculiser leurs compatriotes? De la vraie Prusse, telle que l'a révélée avec tant
d'éclat la campagne de Bohême, de ce pays d'ordre et d'excellente administration, béni par Pallas Athéné, déesse de la
science et de la guerre, aucun d'entre eux, les Strasbourgeois pas plus que d'autres, n'avait le moindre pressenti-
ment. A ceux qui lui reprochent de vouloir incorporer de
force les deux provinces, M. de Bismarck ne serait-il pas en
droit de répondre : « J'en appelle à Philippe mieux informé
de Philippe ivre. »

Les prétentions de la France à la possession de l'Alsace se
justifieraient en une certaine mesure, si cette province lui
avait réellement servi de trait d'union et d'interprète avec
l'Allemagne. M. Renan fait valoir avec éloquence cette con-
sidération dans sa remarquable lettre au Dr Strauss, et pré-
tend que l'Alsace s'était appliquée depuis un siècle, par l'organe de ses littérateurs, de ses théologiens, de ses jurisconsultes à faire connaître au grand public les plus nobles idées
des penseurs allemands, les plus fécondes méthodes de l'éru-
dition germanique. Sainte-Beuve disait un jour, qu'il faudrait
fonder à Bonn ou dans quelque autre université rhénane, un
collége international où les représentants les plus distingués
des deux peuples rivaux apprendraient à se comprendre et
à s'aimer, et les Strasbourgeois ajoutaient que leur ville s'ac-
quittait avec un plein succès de cette généreuse mission. Et
en effet, on ne peut nier que pendant la plus brillante période du second Empire, de 1858 à 1862, quelques hommes
éminents remplirent glorieusement ce rôle de médiateur et
initièrent leurs compatriotes aux beautés de la littérature,
aux découvertes de la science d'outre-Rhin. Un enfant de
Mulhouse, M. Charles Dollfus, fondait la *Revue Germanique*;
quelques écrivains d'origine alsacienne, MM. Nefftzer, Edmond Scherer, se proposaient de traiter d'une manière im-
partiale, dans le journal *le Temps*, les divers problèmes re-
latifs à la politique allemande. M. Renan, par ses belles et
fortes études sur la question universitaire, l'histoire d'Israël
d'Ewald, la Vie de Jésus du Dr Strauss, MM. Taine et Labou-
laye par leurs élégants et substantiels essais du *Journal des
Débats*, M. Saint-René Taillandier par ses nombreux articles

de la *Revue des Deux-Mondes*, s'efforçaient également de dissiper les préjugés et d'élargir les horizons de leur compatriotes.

Ces beaux jours durèrent peu et la sympathie fit bientôt place à une sourde malveillance lorsque Sadowa eut éclaté comme un coup de foudre dans un ciel serein, et qu'à la rêveuse et poétique Allemagne de Kant et de Gœthe succéda l'Allemagne puissante et unie du général de Moltke et du comte de Bismarck. *La Revue Germanique* succomba devant l'apathie et le mauvais vouloir universels, malgré le libéralisme éclairé et le talent supérieur de son rédacteur en chef. Les écrivains jusque-là favorables à l'Allemagne, ou gardèrent le silence ou cherchèrent à excuser la déloyale politique de leur souverain. — *Le Temps* ne publia plus sur ce sujet que de rares articles de M. Nefftzer et conserva à Berlin un correspondant d'un farouche chauvinisme et d'une scandaleuse incapacité.

En réalité, malgré les bruyants témoignages d'affection que les Français prodiguent aujourd'hui aux Alsaciens, et les fleurs qu'ils jettent aux pieds de la statue de Strasbourg, il a toujours existé une secrète antipathie entre les deux races. Les Parisiens n'ont jamais dissimulé leur mépris pour ces fils encore à demi-barbares de la Germanie et les ont toujours regardés comme de lourds et vulgaires provinciaux, de grossiers buveurs de bière, de stupides mangeurs de choucroute. Le *Temps* était considéré comme un journal allemand qui paraissait à Paris, mais recevait son mot d'ordre de Berlin. MM. Scherer, Nefftzer, Dollfus n'ont jamais complétement acquis dans la presse parisienne droit de cité, ni obtenu auprès du grand public la réputation à laquelle ils pouvaient légitimement prétendre. M. Reuss, qui peut marcher de pair avec les plus illustres théologiens étrangers pour l'étendue et la sûreté des recherches, la hardiesse et la sagacité de la méthode, la clarté et la rigueur de l'exposition et dont les livres sur *La Théologie apostolique* et *Le Canon de l'Ecriture Sainte* sont des ouvrages accomplis, de vrais modèles du genre, n'a jamais pu triompher de l'indifférence de la plus grande partie de ses compatriotes pour les hautes études, et n'est apprécié que par un petit nombre d'esprits d'élite, tandis qu'il est connu et estimé de tous en Allemagne. Son collègue M. Schmidt, qui a publié en français de doctes et intéressants travaux sur Tauler, Gerson, les Cathares, a été forcé de revenir à sa langue maternelle et de chercher à Berlin et à Leipzig des éditeurs pour ses biographies de Nicolas de Bâle, de Pierre Martyr, de Melanchton. Son exemple a été suivi par MM. Baum, Bruch, Spach et plusieurs autres savants d'une modestie égale à leur mérite. Les Alsaciens cultivés souffrent vivement de ce dédain des beaux esprits de la capitale et ne se sentent unis à eux par aucun lien de parenté. Leur seule patrie est l'Alsace, et un spirituel professeur de Strasbourg me parlait constamment des Français comme des Welches, de la France comme du pays au-delà des Vosges.

Le critique qui s'intéresse à l'histoire de l'Alsace, et étudie avec quelque attention ses vieilles chroniques, se convainc aisément qu'elle est réunie à la mère patrie par d'impérissables souvenirs, par ses hauts faits et ses grands hommes, comme par ses traditions et ses légendes. Aujourd'hui encore les lieds populaires nous attestent que la poésie toucha de sa baguette d'or mainte tour couronnée de lierre et maint castel en ruines. C'est à Tronja qu'habitait le farouche Hagen du poëme de Niebelungen, aux forges de la vallée de la Zorn que se rendait le Fridolin de la ballade de Schiller, à Rappolstein que le comte conviait chaque année à un joyeux festin, tous les trouvères et les jongleurs du Saint-Empire. Ottfried composait dans sa cellule de Wissembourg son épopée du Christ, le plus ancien monument qui nous ait été conservé de la littérature germanique; Walther von der Vogelweide célébrait en des vers harmonieux le printemps et l'amour; Gottfried de Strasbourg chantait les aventures de Tristan et d'Isolde; Martin Schöngauer ornait de ses pieux tableaux les salles de l'hôtel de ville de Colmar; Erwin de Steinbach donnait à l'art gothique un de ses plus précieux joyaux dans la cathédrale de Strasbourg. L'Alsace fut longtemps la patrie de philosophes railleurs et de caustiques humoristes, depuis Sébastien Brandt qui composait le « *Vaisseau des Fous* » jusqu'à Thomas Murner qui poursuivait les luthériens de ses mordantes satires. Et quelle plénitude de vie politique, quelle fière et vaillante bourgeoisie! Les Hohenstauffen aimaient à résider à Hochkönigsburg; Haguenau était le séjour favori de Frédéric Barberousse. Strasbourg était l'un des plus riches évêchés de l'Allemagne et la plus puissante ville libre des bords du Rhin. Ses chroniques ne tarissent pas en précieux documents et en piquantes anecdotes sur ses luttes sans cesse renaissantes avec ses prélats, sa constitution qu'Erasme proclamait excellente entre toutes, la peste noire qui sévit dans ses murs au XIIIe siècle, l'odieuse persécution contre les Juifs à laquelle elle servit de prétexte, sa haine toujours vivace contre les Welches et les lansquenets de Charles-le-Téméraire. Ses Minnesänger étaient célèbres dans tout l'empire, Guttemberg présida dans son sein aux premiers essais de l'imprimerie, le Pfennigthurm n'était plus assez vaste pour contenir ses trésors.

Son rôle fut encore plus glorieux à l'époque de la Réformation. Gailer de Kaisersberg prêcha dans toute l'Alsace contre les abus de l'Eglise Romaine, Dringenberg et Wimpfelingen s'associèrent aux doctes travaux des Humanistes, Martin Bucer introduisit la Réforme à Strasbourg et fut l'un des plus tolérants et des plus aimables apôtres de la foi nouvelle. On fonda la Bibliothèque, le Gymnase, l'Académie qui compta parmi ses premiers maîtres Hédion et Capiton. Les bourgeois de Strasbourg qui furent au nombre des « protestants » de Spire et s'efforcèrent vainement de rétablir l'accord entre Zwingli et Luther, prirent en mainte occasion les armes pour la défense de leurs croyances et signèrent à Augsbourg la confession Tétrapolitaine. Comme leurs correligionnaires de Worms, d'Ulm, de Nuremberg, ils furent vaincus dans la guerre de Smalkalde, mais ils repoussèrent l'alliance de Henri II et préférèrent, la honte sur le front et la mort dans le cœur, ouvrir leurs portes à Charles-Quint, leur souverain légitime. Les gloires de tant de siècles peuvent-elles être effacées d'un seul trait de plume et 191 années de domination étrangère suffisent-elles pour rompre tout lien avec la mère-patrie? — Longtemps après qu'ils eurent dû se courber sous le joug de Louis XIV, les Strasbourgeois demeurèrent fidèles à l'Allemagne et célébrèrent par des chants patriotiques Gustave-Adolphe et le Grand-Electeur. C'est dans une pittoresque vallée des Vosges, à Rappoltsweiler que naquit le Réformateur de l'Eglise luthérienne au XVIIIme siècle, Philippe-Jacob Spener ; c'est à quelques lieues de Strasbourg, dans le riant presbytère de Sessenheim, que se passèrent l'idylle de Gœthe et de Frédérique et les scènes enchanteresses connues de tous par les confessions du poète dans *Fiction et Vérité*. — Les Français ignorent toute cette histoire ou haussent les épaules en en entendant le récit; les Allemands la regardent comme un des plus précieux legs de l'héritage de leurs pères et n'en parlent qu'avec un respect filial et une émotion contenue.

Il n'est pas besoin d'évoquer les souvenirs du passé. Le touriste qui parcourt l'Alsace après avoir quitté le Grand-Duché de Bade reconnaît à première vue que ces deux provinces ont été indissolublement unies par la nature et que Strasbourg est leur vraie capitale comme Cologne celle de la vallée inférieure du Rhin. Ses rues étroites et tortueuses, son antique et superbe Munster, ses maisons basses que surmonte le nid des cigognes et qu'ornent souvent les armoiries d'une corporation, les hôtels de ses patriciens qu'habite encore la riche bourgeoisie protestante, ses couvents dont quelques-uns ont été aujourd'hui transformés en hôpitaux et en bibliothèques, en font une ville allemande du Moyen-Age, une sœur de Nuremberg et d'Augsbourg. Même configuration géographique des deux parties de la vallée. D'un côté la Forêt-Noire qui atteint au Sud sa plus grande hauteur avec les sommets du Belchen et du Blauen, de l'autre les Vosges dont le Ballon de Guebwiller sert de baromètre aux paysans du Brisgau. C'est dans les vallées latérales, dans celles de Barr, d'Engelsbourg et de Rappolstein, comme dans celles de Fribourg, d'Allerheiligen et de Baden-Baden, que se trouvent les sites les plus pittoresques et que la nature a prodigué tous ses trésors. Dans chaque chaîne une profonde déchirure pour ouvrir une voie au commerce et servir aux communications avec les pays voisins : c'était la route que suivaient déjà les marchands du Moyen-Age et la porte de Saverne correspondait à celle de Pforzheim. Loin d'être un obstacle, le grand fleuve invite à de mutuels et fréquents rapports et les paysans Badois ont coutume d'apporter leurs produits sur les marchés de Mulhouse et de Strasbourg. Même flore sur les deux rives. Dans les forêts le sapin et le hêtre ; plus bas le châtaignier ; sur les penchants des coteaux la vigne ; dans la plaine les luxuriants vergers et les champs de blé plantureux, l'aimable et fertile Palatinat, la belle Alsace chantée par les poètes. Qui ne partagerait l'enthousiasme de Gœthe lorsque du haut du dôme de Strasbourg on voit se dérouler à ses pieds ce splendide panorama et que l'on embrasse d'un seul regard toute cette admirable contrée depuis les tours de Bâle jusqu'au château d'Heidelberg et à la cathédrale de Spire ? qui ne s'écrierait dans un pieux transport : Que l'homme ne sépare pas ce que Dieu a uni !

La statistique officielle qui proclame le français la seule langue de l'empire et dédaigne de tenir compte de quelques millions de Bretons, de Flamands, de Basques, de Provençaux n'a jamais admis que les Alsaciens pussent parler allemand et a traité leur langue maternelle par l'organe de son directeur en chef, M. Legoyt, de vulgaire dialecte et d'obscur jargon. Les préfets n'ont reculé devant aucun moyen pour dénationaliser leurs administrés et ont parfois déployé un zèle si indiscret qu'ils ont encouru le blâme de l'empereur. La bureaucratie a eu recours, pour l'extirpation radicale de l'allemand, à des persécutions aussi odieuses que les Autrichiens en Hongrie et en Vénétie, les Russes en Pologne et dans les provinces Baltiques. Toutes les mesures ont échoué et on n'a réussi, en voulant ôter leur langue aux Alsaciens, qu'à en faire un peuple bâtard et à porter une profonde atteinte à leur développement intellectuel. Le français était de par autorité supérieure la seule langue reconnue et exclusivement employé par les professeurs de l'Université, l'administration, la magistrature; mais les ouvriers et la petite bourgeoisie ne comprennent que le dialecte de leurs voisins du Brisgau, et dans plusieurs riches familles protestantes on se sert encore de « l'alma mater, » de la langue de Bucer et de Spener, pour les libres épanchements et les conversations intimes. Tous les décrets gouvernementaux devaient être traduits dans un allemand plus ou moins barbare; le principal journal de Strasbourg, le *Courrier du Bas-Rhin*, se publiait dans les deux langues. Sur les sept églises protestantes de Strasbourg, il n'en était que trois dans lesquelles à côté du culte allemand il se célébrait un service français. C'est également en allemand que se donnaient plusieurs cours du séminaire réformé. Malgré le mauvais vouloir et les actes arbitraire de l'administration, les instituteurs étaient forcés de l'employer dans les écoles pour être compris de leurs élèves, et le maréchal Bazaine reprochait publiquement il y a quelques années à l'éloquent professeur et doyen de Saint-Thomas, M. Baum, de manquer de patriotisme, parce qu'il s'opposait aux mesures barbares contre sa langue maternelle. Dans les campagnes la prédominance de l'allemand est exclusive et les paysans conservent avec un religieux attachement les mœurs et les coutumes de leurs ancêtres, qui sont identiques avec celles des montagnards de la Forêt-Noire. Le nom de Welche est encore pour eux une injure; les seules traditions qui leur sont

chères sont les traditions germaniques, les seuls livres qui
les intéressent le *Messager boiteux de Souabe*, les poésies en
dialecte allémanique de Hebel, les *Nouvelles Villageoises* de
Berthold Auerbach. La Prusse mettra fin à cette odieuse
dénationalisation de tout un peuple et empêchera que la
langue de Luther et de Gœthe ne soit réduite à l'état d'un
grossier patois, mais elle se sent assez forte pour ne pas
persécuter le français et elle en accordera à tous le libre
usage. Depuis cinquante ans qu'elle possède l'archevêché de
Trèves, elle n'a jamais cherché à germaniser les districts de
Montjoie et de Malmédy et il se donne des cours en polonais
aux universités de Breslau et de Kœnigsberg.

Malgré l'inintelligente et brutale oppression que le gouvernement central n'a cessé de faire peser en France sur les
provinces et qui les a peu à peu dépouillées de toute vie
propre, de toute indépendance, de toute originalité, l'Alsace
est toujours demeurée fidèle à ses antiques principes de
peuple libre et a fait preuve aux plus mauvais jours de re-
marquables aptitudes pour le self-governement. Aucun
département n'a conservé des mœurs locales aussi vivaces et
une physionomie aussi accentuée que ceux du Haut et du
Bas-Rhin. Strasbourg est la seule ville qui ait gardé un cachet
distinct au milieu de l'universelle uniformité, et qui, excep-
tion faite de Paris, possède une réelle importance scientifique. Un sagace et consciencieux archéologue, dont les travaux sont hautement appréciés en Allemagne, le Dr Louis
Spach, nous a retracé *con amore* dans de doctes mémoires
les destinées de sa patrie depuis le Moyen-Age jusqu'à la
conquête de Louis XIV ; Frédéric Schutzenberger, l'illustre
professeur de droit et maire de Strasbourg, a publié, il y a
quelques années, une magnifique édition des chroniques de
sa ville natale. Aucune province n'opposa une plus vive résistance à la tyrannie des préfets républicains et bonapar-
tistes et au socialisme autoritaire du second empire. Les
conseillers municipaux avaient le clair sentiment de leurs
attributions et mettaient leur orgueil à protéger les libertés
communales ; les citoyens étaient tous animés d'un ardent
amour de la chose publique et soumettaient à un vigilant
contrôle la gestion de leurs délégués. Aux dernières élections, Strasbourg repoussa à une énorme majorité le candidat
officiel, mais ne put, grâce à un groupement artificiel des
circonscriptions, être représentée au Corps législatif ; sur

huit députés de l'Alsace, quatre appartenaient à l'opposition. Les cités ouvrières, cette admirable création de M. Jean Dollfus, n'ont réussi que dans les centres manufacturiers du Haut-Rhin ; à Lille et dans d'autres villes industrielles. du Nord, elles sont rapidement tombées sous la tutelle de l'Etat et ont été transformées en instruments gouvernementaux. C'est aussi un des traits les plus honorables et les plus saillants du caractère alsacien que ce goût prononcé pour l'association, pour la fondation dans les plus humbles bourgs de sociétés de chant et de musique comme de bibliothèques populaires, qui excitait à un si haut degré la colère des préfets et qu'ils ne purent jamais extirper complétement. Partout nous retrouvons le citoyen d'origine germanique, honnête, actif, laborieux, jaloux de sa liberté, sensible aux joies de l'étude et du foyer domestique.

Comme leurs frères d'Angleterre et d'Amérique, les Allemands ont une rare intelligence du self-governement, de la vie municipale, des grandes traditions parlementaires. Ils ont hérité des Germains, leurs ancêtres, un amour passionné de l'indépendance, et, selon la belle expression de Spinoza, le meilleur gouvernement est pour eux celui qui impose aux individus le moindre sacrifice de leur liberté. Il leur déplaît d'être asservis à une administration centrale où le pouvoir est exercé de loin par des bureaux invisibles et irresponsables, de près par des fonctionnaires tracassiers et avides. L'autorité à laquelle ils s'affectionnent le plus et qu'ils comprennent le mieux est la commune, parce qu'elle présente un ensemble d'intérêts et de rapports assez restreint pour que les individus qui la composent ne soient ni annulés, ni absorbés, et parce que son complet affranchissement est la base durable de toute vraie liberté. Toute ville, bourg ou village d'Allemagne possède un bourgmestre librement élu et un conseil municipal de son choix. Celui de Berlin émet chaque jour des décrets qui ont force de loi malgré le déplaisir qu'ils causent au ministre actuel de l'Intérieur, comte Eulenbourg, et compte parmi ses membres des hommes d'une réputation européenne et du libéralisme le plus éclairé, un Gneist, un Virchow, un Schultze-Delitzsch. Dans aucun pays l'esprit communal n'est aussi solidement enraciné et aussi vivace qu'en Allemagne; nulle part non plus l'esprit d'association libre n'est aussi répandu et aussi puissant. Tout citoyen fait partie d'un cercle, d'un *Verein*, politique, littéraire ou agricole, dont il a voté les statuts, où il vit dans un commerce journalier avec ses pairs et s'efforce dans une sphère modeste de contribuer à la réforme des institutions et à la prospérité de sa patrie. On sait le prodigieux succès qu'ont eu de l'autre côté du Rhin les associations scientifiques ou charitables, les banques populaires, les sociétés coopératives. Elles ont réussi, parce que les Allemands sont patients et réfléchis, qu'ils admettent qu'il faut semer avant de moissonner, qu'ils sont capables de s'imposer les plus grands sacrifices pour des intérêts collectifs d'une importance vitale. La Prusse est un pays fortement uni et supérieurement administré, ce qui n'empêche pas chacune de ses provinces d'avoir son caractère propre et de différer de ses voisines par ses mœurs, ses idées, sa constitution civile, ses croyances politiques et religieuses. Berlin, quoiqu'il soit une grande capitale, n'exerce pas sur les autres villes du royaume l'absorbante influence de Paris ; Cologne, Dantzig, Kœnigsberg, Breslau, Stettin, sont demeurés à côté de lui des foyers de vie, d'activité et de lumières.

L'Alsace, en redevenant allemande, recouvrera avec son glorieux nom son antique nationalité et cessera de former les départements du Haut-Rhin et du Bas-Rhin ; Strasbourg deviendra la riche et industrieuse capitale d'une opulente et fertile province, au lieu de rester l'obscur chef-lieu d'un département français. Les préfets autoritaires de la république et de l'empire feront place à des bourgmestres librement élus par tous les citoyens, leurs créatures des soi-disant conseils généraux aux députés de véritables diètes provinciales, les candidats officiels au Corps législatif, aux membres d'un libre et puissant parlement, qui soutiendront de leur influence un Lasker et un Forckenbeck, un Braun de Wiesbaden et un Franz Duncker. De nos jours, Rachel ne refuse plus d'être consolée et se montre sensible aux prévenances de ses bienfaiteurs. Le Hanovre, la terre bien-aimée des Guelfes, que des publicistes prévenus dépeignaient comme irréconciliable, n'a, aux dernières élections de la Chambre, envoyé sur trente-six députés que trois particularistes.

L'Alsace formait un réjouissant contraste avec la plupart des autres départements français, sous le rapport de l'instruction primaire, et occupait une place des plus honorables sur la carte dressée à cet effet par les ordres de M. Duruy; sur cent nouveaux mariés, il n'y en avait, dans le Haut-Rhin,

que six ou sept, dans le Bas-Rhin que trois ou quatre qui ne
sussent ni lire ni écrire. Plusieurs établissements secondai-
res, entre autres le gymnase protestant de Strasbourg, sou-
tenaient avantageusement la comparaison avec ceux d'Allemagne, pour l'excellence des études et le talent des direc-
teurs. Enfin, l'Académie de Strasbourg était en province la
seule qui n'eût pas été annihilée par celle de la capitale, et
qui eût conservé une réelle importance scientifique.

La Prusse exercera dans ce domaine la plus bienfaisante
influence.

Elle enverra dans tous les districts des instituteurs éclairés
qui instruiront les enfants dans leur langue maternelle, don-
neront des cours aux adultes, répandront le goût des lectu-
res sérieuses, travailleront à l'amélioration et l'accroissement
des bibliothèques. Le régime des lycées subira les plus heu-
reuses modifications. Au lieu de tendre à l'idéal de M. For-
toul et d'exiger qu'on dicte le même thème latin à la même
heure dans tous les colléges de France, on élèvera l'enseigne-
ment au niveau de la science moderne et on y appliquera les
plus fécondes méthodes pédagogiques. Au lieu de s'inspirer
des règlements du couvent et de la caserne, on tiendra
compte des besoins de la société, et on s'efforcera de former
des hommes libres. Les professeurs de l'Université ne seront
plus soumis au despotisme d'une sotte et insolente bureaucratie et ne s'entendront plus dire par des soudards, comme
le vénérable doyen de la Faculté de Théologie, M. Bruch,
par le maréchal Canrobert : « Faites-nous des carabins,
Monsieur, faites-nous des carabins. » — Ils recouvreront
leurs droits, et leurs priviléges, éliront leur sénat et leur rec-
teur, choisiront leurs collègues, rédigeront leurs programmes,
permettront l'ouverture de cours libres par des privat-docent,
et prononceront souverainement sur toutes les matières de
leur compétence.

La Faculté de théologie, qui jouit dans toute l'Allemagne
d'une légitime réputation et possède dans son sein des criti-
ques aussi éminents que MM. Reuss et Colani, continuera à
tenir d'une main ferme le flambeau de la libre recherche et
trouvera pour ses travaux l'accueil le plus sympathique.
Celle de médecine sera dotée d'un laboratoire aussi bien
aménagé et aussi complet que ceux de Bonn et de Heidelberg
et ne sera plus exposée pour ses collections et son budget aux
perpétuelles tracasseries, dont son doyen, le Dr Charles Schut-

zenberger, nous retraçait le printemps dernier, dans une substantielle brochure, le triste et éloquent tableau. Celles de droit et des lettres recouvreront une nouvelle vie et prendront une part active aux investigations des historiens, des paléographes, des jurisconsultes, des philosophes d'outre-Rhin; bref, toutes les branches des connaissances humaines recevront une vigoureuse impulsion, et Strasbourg jouera dans le monde de la pensée un rôle aussi brillant que Halle, Gottingue ou Jéna.

Enfin le protestantisme sera le plus solide lien entre les habitants de l'Alsace et le reste de la grande famille germanique. Sa destruction fut l'un des principaux mobiles de la prise de Strasbourg par Louis XIV. L'archevêque Egon de Furstenberg fut l'un des complices de Louvois et s'écria lors de l'entrée triomphale des Français : « Maintenant, Seigneur, laisse aller ton serviteur en paix, car mes yeux ont vu ton salut. » Quelques jours après la cathédrale fut enlevée aux réformés et rendue au culte catholique. Depuis cette époque les protestants furent en butte à d'incessantes persécutions, quoiqu'on n'organisât pas contre eux de nouvelles dragonnades et qu'on les traitât avec moins de cruauté que leurs coreligionnaires des Cévennes. Aujourd'hui encore le clergé ne négligeait aucun moyen pour ramener l'Alsace à la vraie foi, et il y serait parvenu grâce à la protection ouverte du gouvernement et à l'émigration continuelle de l'intérieur. Les frères ignorantins avaient conservé le droit d'enseigner, et les sœurs de charité fondaient de nouvelles écoles sans posséder de brevet, en vertu de lettres d'obédience et de la loi de 1867 sur l'instruction publique. Les jésuites acquéraient des biens considérables et couvraient le pays de leurs établissements d'éducation. Le ministre le plus actif et le plus libéral du second Empire, M. Duruy, favorisait de tout son pouvoir ces audacieuses tentatives et reprochait aux luthériens « de persévérer dans leur intolérance religieuse. » Quelques semaines avant l'ouverture des hostilités, les catholiques réclamaient les biens de Saint-Thomas au mépris des stipulations expresses du concordat et des articles organiques, et les auraient obtenus si la France avait été victorieuse. Un de mes amis de Strasbourg, qui était resté dans sa ville natale pendant toute la durée du siége, me disait que la capitulation de Sédan les avait préservés d'une nouvelle Saint-Barthélemy.

Le sauvage fanatisme et l'odieuse conduite en Alsace du

clergé ultramontain, les infâmes calomnies qu'il a répandues contre ses compatriotes d'une autre confession, sa perpétuelle et consciente violation, à l'égard de l'ennemi des lois les plus élémentaires de la charité et du droit des gens, sont une preuve entre plusieurs autres que cette guerre était essentiellement une guerre de religion et indiqueront aux protestants de quel côté ils doivent tourner leurs regards. Dans le Haut-Rhin ils ne forment malheureusement que le dixième de la population. Dans le Bas-Rhin le tiers des habitants appartient à la confession d'Augsbourg. Les pasteurs reçoivent une culture toute allemande et se montrent pour la plupart les dignes successeurs d'Oberlin et de Spener. Le catholicisme est la religion des races latines et correspond à leurs mœurs et à leur degré d'instruction. Le protestantisme est l'un des facteurs les plus importants de la civilisation germanique, et les Alsaciens se rallieront à leur ancienne patrie en entendant le choral de Luther.

Le 3 Novembre, les amis de la musique classique et de la société cultivée de Berlin célébraient à la Singakademie l'anniversaire de la mort de Félix Mendelssohn. Lorsque l'orchestre joua son admirable lied de l'Allemagne et que le chœur entonna ces vibrantes paroles : « Quand te réveilleras-tu belle fiancée ? Quand viendra ton empereur ? » toute l'assemblée profondément émue se leva comme un seul homme et répéta la magique invocation. Oui, il est venu le fier successeur des Othon et des Barberousse, le puissant empereur de la maison des Hohenzollern ; il s'est réalisé le rêve des Körner et des Uhland, des Dahlmann et des Haüsser, des Schumann et des Mendelssohn, le rêve des historiens patriotes et des artistes inspirés. Tous ceux qui s'intéressent en Europe aux progrès de la civilisation, avaient partagé leurs sentiments et se réjouissent aujourd'hui du triomphe de la race germanique, parce qu'il est synonyme de celui de la paix, des lumières et de la liberté.

Genève, le 8 Décembre 1870.